Masha and The Bear™

www.mashabear.com

Series created by O. Kuzovkov. Art Director : I. Trusov.

Loi n° 49-956 du 16 juillet 1949 sur les publications destinées à la jeunesse.
Dépôt légal : mars 2016. Édition 02. Rédaction : Natacha Godeau.
Achevé d'imprimer par Canale en Roumanie en mars 2016.

Masha et Michka™

BIENVENUE, PETIT PANDA !

hachette
JEUNESSE

Ce matin, Masha se lève de très bonne humeur !
– Quelle belle journée ensoleillée, **J'ADORE !**
s'exclame-t-elle.
Elle sort de sa maison en riant. Vite, les animaux de la ferme se cachent pour lui échapper. Masha boude. Qui va jouer avec elle, maintenant ?

Soudain, elle aperçoit Michka, dans le champ de tournesols. L'ours se dirige discrètement vers l'arrêt du train…

– On dirait qu'il attend quelqu'un… Qui cela peut-il être ?

TCHOU ! TCHOU !

Le train arrive. Tu vas vite le découvrir, Masha !

Le wagon s'arrête, la porte s'ouvre et…

ÇA ALORS !

Un ourson noir et blanc descend du train avec sa petite valise. Masha n'en croit pas ses yeux : un panda, un vrai !

– Comme il est mignon ! Il faut que nous soyons amis ! décide-t-elle aussitôt.

HOP ! HOP !

La coquine file vérifier dans le miroir qu'elle est assez bien coiffée pour se présenter au visiteur…

OH LÀ LÀ !

Michka ne va pas être d'accord avec ça !
L'ours veut juste passer une journée tranquille avec son cousin le panda.
Pas question de laisser Masha tout gâcher !

ZOU ! Michka entraîne son invité
dans le champ de tournesols.
Mais Masha est rusée. Elle enfourche
son tricycle et pédale pour les rattraper.
– Coucou, petit panda ! As-tu fait bon voyage ?
demande-t-elle.

Cette fois, Michka n'a plus le choix. Il présente Masha à son cousin.

Elle est enchantée !

HI ! HI ! HI !

– Je sens qu'on va bien s'amuser ! promet la petite fille.

Aussitôt, Masha se met à faire des acrobaties sur son tricycle.

Elle veut impressionner son nouvel ami.

Attention à ne pas tomber, Masha !

– Allez, viens ! On va jouer ! décide-t-elle.
ET HOP ! Sans même lui demander son avis, elle installe le panda en équilibre sur son guidon !
Masha roule, roule à toute allure : le pauvre panda est terrifié !
– Tu as vu, comme c'est joli, par ici ? lui demande la fillette.
Malheureusement, son nouvel ami n'a pas vraiment le temps d'admirer le paysage.

Puis elle pédale plus fort, accélère encore et encore…

ET BOUM !

Elle finit sa course dans la barrière de Michka !

– On est arrivé, petit panda ! rit Masha.

Michka soupire. Espérons qu'un bon goûter pourra réconforter son cousin…

Mais Michka n'est malheureusement pas au bout de ses surprises !
Masha et le panda sont aussi affamés l'un que l'autre…
Et pas question de partager !

MIAM ! Les biscuits à la cannelle !

MIAM ! Les bonbons acidulés !

MIAM ! La confiture de fraise !

Quels gourmands ! Ils dévorent tout jusqu'à la dernière miette !

Masha lèche même l'intérieur du pot de confiture !

GRRR ! Comme le panda l'envie !

Le goûter terminé, il est l'heure de s'amuser !
Michka sort un ballon du coffre à jouets et Masha s'en empare aussitôt. Le panda n'a alors qu'une idée en tête : le récupérer !
Les deux amis se chamaillent encore et encore quand,
BOUM ! le ballon éclate !

Michka réfléchit. Enfin, il a une idée de génie !

Il conduit les deux coquins dans le jardin. Cette fois, pas de jaloux : un pinceau chacun !

PRÊTS ? C'EST PARTI !

Les deux amis repeignent en rouge la barrière de Michka. Mais qui finira le premier ?

VITE, Masha commence à peindre.
VITE, le panda en fait autant.
Et tous deux finissent en même temps !

OH, ET PUIS NON !

Michka préfère le jaune finalement.
Pour les deux amis, le travail reprend.
Cette fois, l'ours est satisfait : une barrière jaune, c'est vraiment parfait !

La nuit va bientôt tomber. Michka a besoin de lumière pour s'éclairer. Il prépare alors sa grande roue à électricité et offre une sucette à son cousin. Une sucrerie ? Masha en veut une aussi !

– DONNE-LA MOI ! ordonne-t-elle au panda.

Ni une, ni deux, l'ourson prend ses pattes à son cou et entre dans la grande roue.

La fillette lui court après, et la roue TOURNE, TOURNE, TOURNE sans arrêt !

AH ! AH ! AH !

Michka est ravi !

Grâce à eux, la roue fournit assez d'électricité pour tout éclairer !

CLIC ! Il branche même de jolies guirlandes en guise de décoration. Pendant que les deux coquins sont occupés à se chamailler, il s'installe confortablement et boit tranquillement une tasse de thé !

Bientôt, Masha et le panda commencent à bâiller.

Alors, Michka les prend tendrement dans ses bras et les installe sur le canapé.

BONNE NUIT LES AMIS !

Le lendemain, **DRING !** Le réveil sonne.
Mais Masha et le petit panda sont bien trop fatigués pour se lever…
Pourtant, pas question de faire la grasse matinée !
Le cousin de Michka doit rentrer. Sans hésiter, Michka saisit le petit endormi et fonce le déposer à la gare.

TCHOU ! TCHOU !

Michka arrive juste à temps et le train redémarre.

Bon retour chez toi, petit panda !

Dans les bras de l'ours, Masha est triste.
Quel dommage que le cousin de Michka reparte déjà !
Puis elle se rendort, épuisée. Son ami la regarde, tout étonné.
SACRÉE MASHA ! Elle a une façon bien à elle de s'amuser avec ceux qu'elle aime !